AF272618

FSC
www.fsc.org

MIX

Papier aus ver-
antwortungsvollen
Quellen
Paper from
responsible sources

FSC® C105338

Schwerkraft und Weite

Zeitreflexionen

Texte: Hubert Achenbach
Kollagen: Juri Mann

Bibliografische Information der Deutschen Nationalbibliothek: Die Deutsche National-bibliothek verzeichnet diese Publikation in der Deutschen Nationalbibliografie; detaillierte bibliografische Daten sind im Internet über dnb.dnb.de abrufbar.

© 2022 Hubert Achenbach
Herstellung und Verlag:
BoD - Books on Demand, Norderstedt
ISBN: 9783756836390

Inhalt

Das Knistern der Mohnblüten

MOHNFEUER

Die erste blühwelle überflutet
Die landschaft erst überwiegend
Obstblütenweiß anhimmelnd dann
Erdwärts blumenbunt getüpfelt

Da hinein klatscht die mohnrote welle
Über nacht in in die sommergeil grünen
Hänge über denen das reine mailicht
Auf gischtet in eine neue freiheit

GRÜNE STIRN

Nach längerem regen geht die sonne
Baden in aufquellendem grün und roten
Pfützen aus abgeschlagenen mohnblüten

Schwebfliegen hängen wie
Bernsteinperlen in einem strom aus licht
In dem alles so nah wirkt durch

Das brennglas frisch gewaschener luft die
Zum trocknen über dem garten hängt

SONNTAGMORGEN

Schweres taubengegurre wälzt sich
Durch transparente morgenluft
Sie wissen nicht dass sonntag ist
Aber frühsommer ...

Die turtelrufe verstummen
Zwei haben sich gefunden
Baden in der feierlichen morgenstille
Einer trügerischen zweisamkeit

LICHT

Die sonne zieht bäume in den himmel
Das bombardement aus licht abzufangen
Ihre grünen schatten durch zu füttern
Die im winter am boden liegen

Licht tappt in die baumfalle wo es im
Dunkeln grünfutter für das leben
Kochen muss um gleich wieder das weite
Zu suchen -
Es ist einfach nicht aufzuhalten

WIE LANGE?

Beliebiger sommertag der sich einheizt
Der wind hat sich hinter das treibhaus
Verdrückt und der amsel fällt keine neue
Strophe mehr ein aber mir ein gedicht das
Wohl nie einer lesen wird

Alles ist da wo es sein soll und wo es
Keiner vermutet

Die sonne schuftet tag und nacht
Umsonst in ihrem reaktor selbst-
Verständlich ohne schutzbekleidung

Aber wie lange soll das so weitergehen bis
Auch der kirchturmuhr das räderwerk um
Die ohren fliegt und die trägen stunden in
Sekundenschnelle auseinander treibt?

A M   T E I C H

Libellenräder surren wieder
Der sumpfige teich spiegelt
Eine stille in den nachmittag die

Den fröschen fast die schallblasen
Eindrückt und in seerosenblüten stürzt
Die sich einer lichtgefüllten leere öffnen

Da hinein die eiablge der libellen damit
Das rad hinter der stille sich weiter dreht

MORGENTAU

Diese blattgrünen baumlippen
Schattenflüsterer für windworte
Regengebete und schweigemelodien

Tage an denen der wind sich in
Seine geballten fäuste zurückzieht
Um sich den machenschaften einer
Sonne entgegenzustellen welche die

Ganze himbeerzarte welt in einem
Tropfen tau an der spitze eines gras-
Halmes in einen stillen sommermorgen
Spiegelt - und nicht nur das ...

EIN SOMMER

Sie haben den planeten tatsächlich in die luft
Gejagt sitzen jetzt auf den bruchstücken und
Merken nicht dass sie davon fliegen - ihre welt
Ist halt nur kleiner geworden übersichtlicher -

Sie halten das tosen für ein sommergewitter
Den lichtblitz für einen vorübergehenden
Schwächeanfall der sonne den staub für sahara-
Wind der den sommer zurück bringen soll

Ein sommer in dem die erde in die luft fliegt
Und sie nichts bemerken weil ihnen schon so
Vieles um die ohren geflogen ist und sie nicht
Wussten warum aber

Diesmal ist es ernst also beginnen sie zu tanzen
Bevor auch noch ihr handy in die suppe fällt …
Was hätte alles aus den träumen der nacht-
Kerzen werden können hätte man sie nur öfter
Aus dem keller geholt und ihren duft den
Nachtfaltern geschenkt

GIPFEL DES SOMMERS

Sie laufen über schmelzende eisgrate
In dem glauben sie seien fest
Es herrscht hochbetrieb

Der versuch die kältegrade der haut
Anzupassen scheitert weil die seele am
Gipfelkreuz erfriert und das sommer-
Warme leben bereits auf dem abstieg ist

Die höchste jahreszeit in den niederungen
Ist nur noch ein bestechlicher handlanger
Eines überalterten klimas das sie auf die
Spitzen treibt - längst vergessen ist auch
Das uralte wissen welcher art dunkelheit
Die zartesten knospen entspringen

UMGPFLÜGT

Über uns schweigt das blaue sommermeer
Schwarze schwalbenkörper zucken auf
Pflücken insekten aus ihrem luftgarten

In gehöften schießen aus nestern
Rotwülstige hungerschnäbel empor ...

Ein sommer ohne schwalben eine
Zeigerlose uhr auf der nichts mehr kreist
Leere nester als epitaphen der zeit

Das uhrwerk hört auf zu zwitschern
In den wäldern fallen die luftwurzeln
Vor trauer ins moos ...

Man hat den garten der schwalben
Umgepflügt ... wie namenlose kranz-
Schleifen die kondensstreifen

SOMMERBLUMEN

Nur die welken löcher im putz erinnern
Noch an blumen die versuchten mit
Ihren köpfen den sommer an die wand
Zu nageln damit etwas mehr bleibt

Als nur die erinnerung an schönheit
Und duft -
Aber diese wurzeln schlagen tiefer

E C H O L O T

Vereinzelte vogellaute
Loten die tiefe des waldes aus
Verhallen unterm kronenblätterschirm
Im lautlosen schlafatem von orchideen

Während unsere sternbilder darüber
Ein wenig ordnung in das vermeintliche
Wirrwarr des nachthimmels
Bringen sollen

Es ist wie der versuch einen blecheimer
Voll sonnenlicht in die nacht schütten zu
Wollen um die vogellaute sichtbar zu
Machen bevor die orchideen erwachen

Unser echolot tappt im dunkel
Ertastet nur umrisse …

WAHRNEHMUNG

Nicht gehört das zischen der sonnen-
Strahlen wenn sie die luft zerschneiden

Das papierne knistern von roten mohn-
Blütenblättern wenn sie sich langsam
Entknüllen oder

Das klatschen von schmetterlingsflügeln
Wenn sie den wind ohrfeigen

Stummes konzert das unmerklich durch
Mark und gebein geht

Tonlose lichtfeuergebete lauthals
Ins nichts geschrien

Zu fein für die groben poren einer
Fremdbetäubten wahrnehmung

KEIN SOMMER

Arktischer sommer

Den rosen fehlt der mut
Auf zu gehen

Im gartenteich ertrinken
Die fische vor kälte

Und nordwindböen schütteln
Wassertropfen aus blütenkelchen

Wietränen für die toten
Die kein sommer mehr wärmt

KEIN VOGEL ERWACHT

Ursachen gibt es viele:
Der mensch der mensch und der mensch
Um nur einige zu nennen

Einst jubilierende morgendämmerungen
Hüllen sich in schweigen kein vogel
Erwacht in den andächtigen stunden
Dieser frühlingstage

Nur leise zwitschern die warnungen
Vom ausbleiben der vögel

SOMMERNACHT

Spät abends duftet es wieder
Mahdgrasig und bodenfeucht
Kräuterwürzig und blütenschwer

Die erde transpiriert unter ihrer
Grünen sommerschminke
In undurchdringlichen gehecken
Spielen die nachtigallen verrückt

Das lästige licht hat man in dämmrige
Häuser eingesperrt wo es in den langen
Schatten übermächtiger bildschirme
Kauert

Draußen lässt die wiederbelebte luft sich
Trinken wie spritziger wein unter dem
Heraufperlen kalt glühender sterne

ERINNERUNGEN

Wie ein großes erinnerungslicht das leben
In einer dunkelheit die man tod nennt
Der selbst aus nichts besteht an das sich
Erinnern ließe

Dieses eigenleben der erinnerungen die
Uns überall dazwischen funken um
Die schlaglöcher des gedächtnisses die
Auch immer größer werden zu füllen

Ein leben ohne sie scheint nicht möglich
Und es besteht die befürchtung dass wir
Uns nach dem tod noch ans leben
Erinnern weil auch er nichts im griff hat

Es soll menschen geben die nur mit ihren
Erinnerungen leben mit einem ganz
Besonderen glanz in den augen -
Das muss einen grund haben

NACHTKERZEN

Das gelbe nachtkerzenheer gegen die
Rot blinkende übermacht von rädern
Welche wind und vogel schreddern
Das schwarze seidentuch der nacht in
Stücke reißen

Die mittellosen nachtkerzen aber sind
Nicht allein haben als unterstützer das
Geschwader der nachtfalter zum beispiel
Und eine weltweite seele

Dieses wortlose nachttagebuch das in
Einem anderen dunkel überdauert

NACHTSCHATTEN

Hundegebell bei vollmondlicht
Ein erbe der bösen wölfe
Die sommernacht bellt mit stille zurück

Und dem schwirrflug der nachtfalter am
Schönsten tag ihres lebens wenn

Sie sich betrinken und im fruchtigen
Duft der nachtschattengewächse
Um den vollen mond tanzen

Die nachtkerzen stehen wie strenge
Betschwestern und werden ihnen
Heimleuchten

Die nacht ist ohne schrecken
Aber sie hat gesetze
Die man nur im dunkeln lesen kann

Wirr\tuelle Welt

WIRR \TUELL

Vom sommer halb noch betäubt
Höre ich schon erste schneeflocken
Fallen oder ist es wieder einmal die

Wirr-tuelle welt die raffiniert diese
Lücke nutzt mir ein hirschgeweih
Aufzusetzen für den nächsten von
Ihr angezettelten konkurrenzkampf?

Dabei möchte ich bloß die atempausen
Nutzen in denen jeder schwebende ton
Ein flüchtiger schatten der stille ist

Um einmal kurz von der spirale der
Ewigkeit abzuspringen und vielleicht
Dem bocksbeinigen jenseitsglauben
Ein wenig auf die spur zu kommen

GROSSSTADTFLIMMERN

Das bunteste in den großstadtstraßen außer
Ein paar verrückten sommerkleidern warn
Früher immer die drei wechselnden
Ampelfarben

Neuerdings sind's haushohe bildschirme
Aufdringliches werbespotflimmern das
Selbst die blitze in den hinterhöfen
Wohin sie verbannt wurden
Zusammenzucken lässt

WEIT WEG

Es ist nur noch ein kauern
Verkümmernder seelen vor den
Geschlossenen türen des geplünderten
Supermarktes der natur in der hautengen
Freiheit ihrer schmetterlings-tattoos ...

Dieser schäumende wildbach mit
Seiner selbstreinigung
Soweit weg wie die
Taschenmessergeschnitzten
Wasserräder aus weidenstöckchen

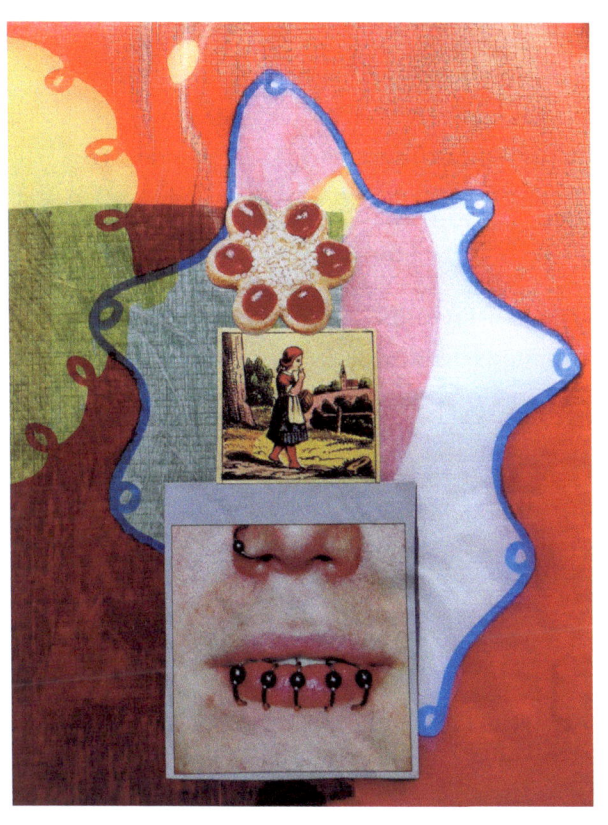

ZWEIFEL

Greifen wir zu einem glas wein und reinigen
Den tag bevor er sich einnistet ein eigenleben
Zu führen beginnt und mit seinen auswürfen
Die dachrinnen verstopft

Während unter den dächern sich die spechte
Verschanzen und einen winter aus dem gebälk
Hämmern der längst bereit ist sich auf kerosin-
Schwingen in den süden abzusetzen ...

Tage die einen ausweg suchen und sich in
Ungerahmte bilder mit einem bunten irrgarten
Aus pinslstrich-antworten zu flüchten zu viele

Für einen tag der alles vorhersagbare anzweifelt
Und selbst den flug des vogels ad absurdum
Zu führen bereit ist

AUS DEM RUDER

Ausgerechnet eine sonne die an ihrer oberfläche
Die lagerfeuer nicht in den griff bekommt soll
Hier unten für einen geregelten tagesablauf
Sorgen

Wo die fabrikschlote schon seit einer gefühlten
Ewigkeit sturm laufen gegen den blauen
Himmel und sonnenstrahlen der alten karbon-
Wälder automobile antreiben müssen die eine
Rebellion gegen ihr zentralgestirn angezettelt zu
Haben scheinen

Und jetzt schwitzt sich der planet in einem
Fieberanfall die viren vom hals um nicht
Gänzlich zu verbrennen mit neuen sintfluten
Als geheimwaffe

Man könnte fast glauben: da läuft etwas
Aus dem ruder

FRIEDEN

Wenn der wind schweigt und die steine
Rauschen kannst du die stille sehen die
Unter der erde haust und den toten ins
Wort fällt damit sie die lebenden
In einem frieden lassen den diese

In der lichtwelt noch suchen im rauschen
Des windes und im schweigen der
Steine das stiller ist als die dunkelheit
Einer unausgesprochenen lüge

Wer will schon das kleingedruckte
In den verträgen des windes mit den
Erzengeln lesen ... den ewigen frieden
Haben die toten wohl auf lebenszeit
Für sich gepachtet

WINTER ADJEU

Du suchst den schnee in den blauen
Bergen und findest ihn in den gipfel-
Häusern hinter zugezogenen gardinen
Versteckt versucht er zu übersommern

Du suchst das blaue eis in den bergen
Und findest es in tiefen gletscherspalten
Versteckt aus angst vor der gefräßigen
Sonne die rauchende kamine hasst ...

Es hilft nichts wenn tausende von
Schneemännern in den hanfplantagen
Afghanistans gegen die vernebelung des
Planeten demonstrieren unter anderem

Auch wegen ablaufs des verfallsdatums
Ihrer karottennasen ...

JAHRMARKT

Blumen tragen ihre schutzbedürftigen
Blüten unter dem arm
Der wind tütet vorsichtshalber sein
Rauschen ein

Holzpferde werfen ihre kinder ab
Die erde dampft wie ein pferdeapfel

Bäume verwandeln sich in glänzende
Särge zündelnde wälder senden
Rauchzeichen in den jahrmarkt
Der sonnenplaneten ...

Das erdkarussell aus hass liebe geld und
Macht dreht sich immer schneller

DER PREIS

Rote balkonblumen
Unverbauter meeresblick ...
Hinter häusern zünden sonnen-
Blumenfelder landschaften an
Habichte erlegen die tagträumer

Eine eingetrichterte höllenangst
Verbarrikadiert hinter todsicheren
Domgewölben hofft in heiligen
Schriften eine letzte spur zum paradies
Zu finden die längst erkaltet ist

Unbarmherzig fahndet das blitzhelle
Tageslicht nach dem preis von allem den
Die gestresste friedenstaube aus gutem
Grund unter ihren fittichen verbirgt ...

FUSSBALLABEND

Es wird abend ein letzter lichtstrahl sitzt
Mit der taschenlampe auf dem bettrand
Und wartet auf die nacht die sich auf der
Terrasse ihre mondglanzschwazen haare
Kämmt während eine fledermaus einen
Ganzen mückenschwarm in den
Wahnsinn treibt

Drinnen betrinkt sich in den gläsern der
Wein und faselt von den guten alten jahr-
Gängen kurz vor beginn des fußballländer-
Spiels bei dem aus zwei mal elf freunden
Plötzlich erbitterte feinde werden um sich
Danach die hände zu schütteln und in
Gewissheit um den üppigen lohn zufrieden
Nach hause zu fliegen

Alle haben gewonnen das spiel endete
Unentschieden wie so vieles im leben
Wozu also die ganze aufregung?

RAUCHZEICHEN

Schneeflocken harren noch aus
Suchen exil in der wüste um in den
Vergnügungshallen zu überdauern

Am himmel färben ihre geschwärzten
Kristalle die wolken
Rauchzeichen einer verzweiflung

Von der auch die weitgereisten steine
Ein lied singen können -
Jeder sollte es hören

WINDIG

Ich blicke in die kronen
Höre den bäumen zu
Dem blattwellengemurmel

Wenn die windgeister hineinfahren
Die nackten blattunterseiten
Rauschend nach oben kehren ...

Auch menschenmassen werden bewegt
Und kommen doch nicht vom fleck
Sie sind in ihren kleidern gefangen

Und erliegen windigen
Versprechungen

NORMALER ALLTAG

Die flüsse fließen jetzt durch alle sieben
Himmel weil in ihren steinweichen betten
Kein platz mehr ist

In den städten staut sich in einbahnstraßen
Wer wind der eigentlich am schweigemarsch
Der kinder gegen die wiedereinführung der
Schiefertafeln in schulen teilnehmen wollte

In dunklen katakomben suchen fackelträger
Unter der stadt nach den adressen ehemaliger
Schulkameraden die gerade gemütlich an der
Riviera mit ihren kindern am mittagstisch sitzen

Während die erde sich weiter um eine sonne
Quält die es leid ist pausenlos auf ihre acht
Kinder aufzupassen wo sie bei ihrem dritt
Nächsten schon ständig die luft an hält ...

Schlimmer noch wird es aber im winter wenn
Alle umlaufbahnen vereist sind und ich beim
Autofahren deine hand nicht mehr halten kann
Weil meine nach dem handy greifen muss um
Dich anzurufen

BOLLWERK

Sobald das sprechen beginnt fängt die gegen-
Wart an und mit ihr der ganze schlamassel
Von zukunft und vergangenheit mit all dem
Ballast von befürchtungen des da seins

Geräusche sind's die uns im leben halten
Aus ihnen machen wir musik ein orgelndes
Saiten zupfendes tasten schlagendes pau-
Kendes bollwerk gegen eine stille die selbst das
Innerste einer schneeflocke erschüttert und

Uns gehörig auf den magen schlägt wenn wir
Keine antwort bekommen auf die simple frage:
Ist da jemand ... ? obwohl lautsprechertürme
mmer tiefer in den himmel wachsen und
Verstärker nur ein regelwerk der angst sind

DIE EPOCHE DES SANDES

Sand wird es regnen
Sand wird häuser unter sich begraben

Sand wird aus dem beton fliehen
Und alles einstürzen lassen
Was für die ewigkeit gebaut wurde

Sandburgen werden jubeln und
Sandsteine mit ein paar fußspuren
Von den wesen mit sand in den augen

Sollte das klimaherz tatsächlich
Fieber bekommen und der heiße wind
Die poche des sandes entfachen

Dann wird es auf einen kleinen trotzigen
Kaktus ankommen der
Unter den stacheln wasser hortet für
Eine neu aufblühende welt

GRENZSTEINE

Nur allzu gerne würden die grenzsteine
Sich auf den weg machen
Zurück in ihre steinbetten aus denen sie
Gewaltsam heraus gemeißelt wurden

Sie haben es satt für die ständig
Wechselnden abgrenzungen die in
Muffigen amtsstuben wegen gieriger
Besitzansprüche protokolliert werden
Grade zu stehen

Sie bauen auf eine grenzüberschreitende
Stille und die grenzenlose geduld in der
Sie alle besitztümer überdauern

B E D E U T U N G

Nichts was ohne bedeutung wäre wie die
Gewitterwolke die in tränen ausbricht
Weil der blitz schneller ist

Die fensterscheibe die sich duckt damit
Ein ferngesteuerter vogel unbeschadet in
Mein zimmer fliegen kann

Oder die grabsteine die dem rasenmäher
Ins wort fallen weil er die inschriften vom
Efeu befreien will

Die tiefere bedeutung all dessen wird ans
Tageslicht gebracht notfalls mit einem
Sprengsatz und bestenfalls richterlicher
Anordnung

Ob dabei der zweck die mittel heiligt oder
Die mittellosen heiligen mundtot gemacht
Werden sollen ist nicht von bedeutung
Welche bedeutung aber die stoßgebete von
Laienbrüdern auf den gesundheitszustand der
Toten haben entzieht sich jeglicher kenntnis

AM FLUSS

Wie stumpfe schwerter streifen die
Geschwächten strahlen der abendsonne
Die auwaldränder

Der aufgeblähte fluss sägt unaufhörlich
Am damm sein wasser ist schon ganz
Grün vermutlich vor zorn weil es immer
Nur geradeaus geht

Noch aber karren die schleppkähne den
Ganzen schrott der menschheit gegen den
Strom solange ist nichts zu befürchten

Vielleicht spült er uns ja mal ein haus ans
Ufer damit wir trockenen fußes einziehen
Können - man weiß ja nie

UNIFORMEN I

Blind marschierende armeen
Unbescholtene pfadfinder und
Sonstige vereine in

Uniformen und dem falschglanz
Von clubabzeichen ihre hündische
Ergebenheit unbedingten dazugehörens
Unterm diktat schwülstiger satzungen

Jeder soll von weitem sehn in welche
Richtung das närrische lametta zeigt

Frei sein wie der stillschweigende tod der
Alles uniformiert und überall ungestraft
Wildern darf ohne dass ihn jemals einer
Dran hindern könnte

Seine irdische uniforn jedenfalls ist
Schlichtes schwarz die andere weiß
Sagt man
Auf die kann ich auch verzichten

DER KAMPF

Nicht armeen besiegen uns
Das erledigen wir selbst

Wenn kaum verstandenes leben
Uns am ende besiegen will
Wir uns weigern weil wir
Längst noch nicht fertig sind
Mit uns und dem paradoxon zeit

Rückblickend war's wie schlafen in
Einem eilzug sehnsüchtig nach vorn
Schauend ist's ein reiten auf schnecken

Alles dreht sich um diesen einen
Kampf der ewig scheint
Da hilft nur vergessen oder die
Frage: was geht mich das alles an

Der einzige zeuge deines lebens:
Du selbst - oder ...?

UNIFORMEN II

Im gras die abgestreiften uniformen
Sie haben es satt immer in den frieden
Überzulaufen während ihre träger in den
Gebüschen sich mit jungen mädchen
Vergnügen ...
Wenn wenigstens krieg wär

In den kriegsgebieten laufen sie dem
Frieden der ums nackte überleben kämpft
Hinterher

Sie tragen schwer an ihm mit dem vielen
Blech am revers das nicht nur
Die sonne blendet

TAGTRAUM

Ununterbrochen denkt der helle tag an
Den traum: den grauen fluss das
Schwimmen ohne die kälte zu spüren
Den kampf gegen die strömung den er
Mit leichtigkeit gewinnt

Und denkt im traum an sich selbst und
Das mulmige gefühl vor dem erwachen:
Den gefahren der flüsse der kälte …

Aber da ist auch freude auf die wieder-
Entdeckung des lichts
Dieser kampf wär schon mal gewonnen

DER VERLAUF DER DINGE

Jetzt gehen die goldfische schon land und
Bieten sich den katzen zum frühstück an

Ich gehe mit meinen alten träumen
Spazieren während in den schmuddeligen
Gourmetrestaurants der elendsviertel
Dickbäuchige goldfische streunende
Katzen verspeisen

Allerspätestens jetzt wäre es an der zeit
Die irreale welt der wasserbetten zu
Verlassen und über den verlauf der dinge
Laut nachzudenken

GELÄCHTER DER VÖGEL

Da verhämmern sie mir schon wieder
Die nachmittagsstille … sollen sie doch

Bauen ihre gewinnbringenden häuser bis
Ihnen die großen kräne davonlaufen

Mit denen sie löcher in die blaue luft
Bohren um sie mit beton zu füllen

Zimmern sich ein gebälk zurecht
Das alle sieben himmel tragen soll

Ohne ein tiefes fundament das
Auch das gelächter der vögel trägt

Das sie für beifall halten

ABENDSTILLE

Die tentakeln der baukräne
Sind plötzlich verschwunden

Der baulärm hat sich gelegt
Man hört keinen laut mehr

Kein wunder
Endlich ist feierabend

Und die löcher im himmel
Schließen sich nach und nach

Beton ist halt doch zu schwer
Dafür kommen jetzt flugzeuge

Die wohl leichter sind aber man kann
Wenigstens die uhr nach ihnen stellen

Die zeit spielt verrückt und die stille sagt
Kein wort zu viel – eher eines zu wenig

EISSTERBEN

Auch das alteingesessene eis
Weigert sich mittlerweile zu sterben
Schleift bei seinem rückzug tiefe
Runen in den fels die selbst die sonne
Nicht lesen kann

Inzwischen wurde sie entziffert
Und zu den akten gelegt
In klimaneutralen archiven aus
Gründen der öffentlichen sicherheit

Sicher wie ein Amen des Teufels

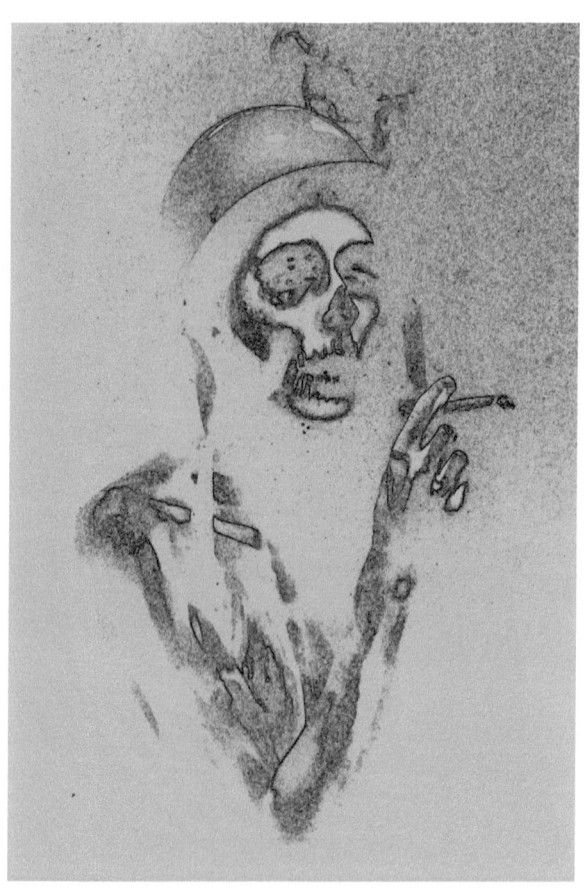

SCHNITTBLUMEN

Am abendhimmel rotten sich wolken
Zusammen der tag dreht sich zur seite
Läuft der nacht hinterher will die vielen
Toten nicht mehr sehen die sich aufführen
Wie betrunkene soldaten nach einem sieg
Nach der schlacht ihres lebens

Blumen verlassen ihre grabstätten
Zertrümmerte vasen klauben ihre
Scherben zusammen bruchstücke einer
Toten welt die noch von einer handvoll
Schnittblumen durchleuchtet wird

Sie die schon das messer in der kehle
Hatten wissen noch am ehesten was es mit
Leben und tod auf sich haben könnte –
Unbekümmert zieht die wolkenherde
Die auch nichts gesehen haben will
Dem tag folgend in den unterschlupf
Der nacht

SICHERHEIT

Gewitter ziehen herauf wasser sucht sich
Seinen weg aus der kloake

Vor nichts ist man sicher am wenigsten
Vor der sicherheit die sich hinter der angst
Vor der unsicherheit versteckt

Selbst der tod ist nicht sicher vor dem
Leben - sonst gäbe es keins

ZUSTÄNDE

Dies eine schockkurze wort über einen
Unbekannten zustand das hart in den
Raum stößt der nicht der *seine* ist wenn
Man die drei buchstaben ausspricht

Obwohl in dem einen wir harrten
In dem anderen uns bewegen
Und in dem einen wieder sein werden -
Was soll schlimm daran sein?

G R A N I T

Auf den friedhöfen ertrinkt in den
Urnen die zeit
Grabsteine krümmen sich vor lachen

Die inschriften haben die wette mit den
Verwitterungen verloren noch bevor den
Steinen der rücken vom langen
Stehen schmerzt

Einzig der granit bietet paroli der
Vergänglichkeit und verneigt sich nicht
Vor dem tod der in einem mit worten
Gepflasterten raum zwischen blüten und
Blauem himmel sein unwesen treibt

LAVA

Vulkane wandern wieder übers land um nach
Dem rechten zu sehen
Fast feierlich gemächlich wälzen sich glut-
Ströme in täler ziehen in verlassene häuser ein
Vergnügen sich in den blauen pools ... als wär'n
Sie das blut der toten das unter der erdhaut
Brodelt von zeit zu zeit ans licht drängt und auf
Seinem weg alle zeiger auf null stellt -
Aber selbst die toten erkalten und es wird nur
Eine muschelschale voll zeit brauchen bis auf
Den dunklen rücken wieder übermütige gräser
Nackt im wind tanzen

LÜGE UND / ODER WARHEIT

Ist das leben eine einzige lüge die
Sich wie ein sommergewitter vor einem
Himmel den es nicht gibt auftürmt
Und im tod erst entlädt

Die uns glauben machen will dass
Der tod die einzig lebende wahrheit ist
Eine lüge die man hinter sich lässt wie
Eine längst vergangene liebe

Oder ist es die wahrheit die lügt um
Den tod zu besänftigen weil er in einem
Jenseits leben muss das es nicht gibt oder
Lügt sich das leben in wahrheit in die
Eigene tasche?

WEITER

Am besten die muffigen friedhöfe meiden
Und mit ihren hartnäckigen grabsteinen
Die der ewigkeit ein paar lächerliche
Atemzüge abtrotzen wollen

Auf die bösen erinnerungen einschlagen
Bis die buchstaben aus den toten namen fallen

Damit das leben wieder leichter dem tod
Davonlaufen kann –
Es muss ja schließlich weiter gehen

GLEICHGÜLTIG

Wind hadert mit der penetranten stille
Die sonne ist sich nicht sicher
Rätselhafte wolkenformationen rollen
Schattenteppiche aus

Der regen packt seine kübel wieder ein
Und das rot macht sich auf seinen
Staubigen weg in den müden abend

Alles routine alles wie immer keine fragen
Keine zweifelhaften antworten alle posten
Sind mit denselben gleichgültigkeiten
Besetzt und

Die erde reagiert mit einem achselzucken
Auf die hinterhältige frage nach
Intelligentem leben im all

Und was es mit dem tod auf sich hat -
Falls es ihn dort draußen auch gibt

S E E L E

Die seele wirft keinen schatten
Er wäre so groß wie drei sonnen

Allein der gedanke an sie passt
Unter kein schädelgewölbe
Niemand soll sie erkennen

Selbst der tod fürchtet sie weil
Sie seinen schatten frisst

Sonst erginge es ihr wie dem wind
Den bunte blätter verraten

LIEBE UND TOD

Keiner hat mir je gesagt
Was die liebe ist nur vom tod
Haben alle geschwiegen

Heute weiß ich:
Sie kommt wie er
Ein unterschied aber:

Sie kann man verpassen
(auch stückweise)
Ihn nicht einmal ansatzweise

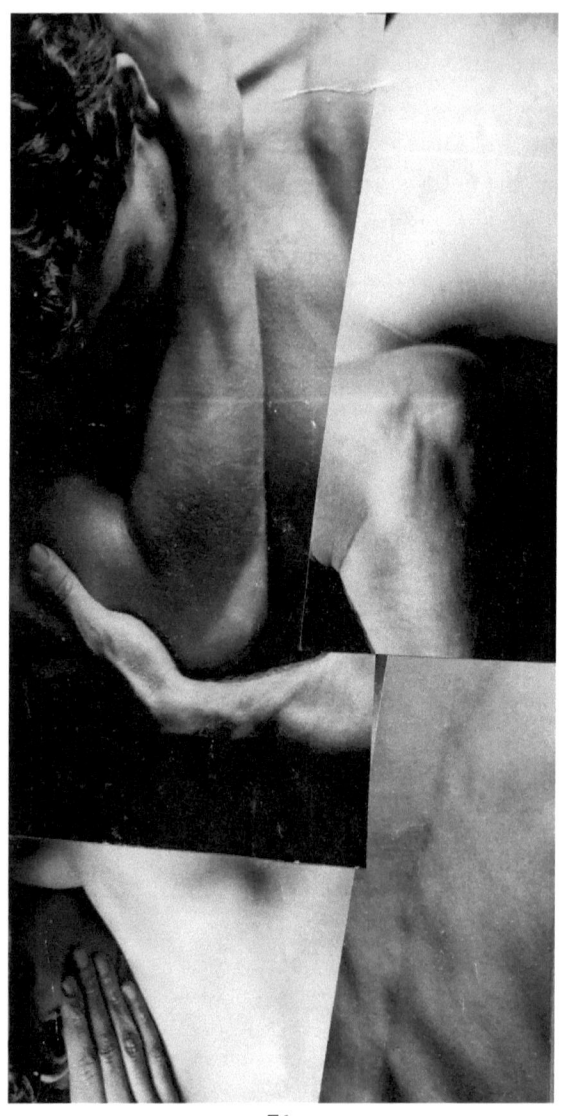

UNERREICHBAR

Das was ihr da draußen seht
Ist nicht die ganze natur nur
Ein grüner vorwand vielleicht
Für etwas tieferes

Licht geblendete ablenkung
Unter einer sonnengegerbten
Außenhaut die ihr verstümmeln könnt
Bis zur unkenntlichkeit

Aber weit hinter dem sichtbaren tod
Pulst etwas unzerstörbar
Unerreichbares

SAGT WER ... ?

Die bäume sind schon tot
Sie wissen es nur noch nicht
Nach außen hin sind sie noch grün aber
Innen nagen schon käfer und pilz
Sagen die förster

Der mensch ist schon tot
Er weiß es nur noch nicht
Nach außen hin ist er noch lebendig
Aber etwas zerstört ihn von innen
Sagen die seelenklempner

Die arglosen blumen werden wie immer
Die letzten sein aber
Das licht noch nicht aus machen
Sie müssen durchhalten die letzten
Zeugen sein - sagt wer ?

Die natur ist nicht nur da draußen
Sie ist vor allem tief innen sie wurde von einem
Schwarzen loch ausgespuckt vermuten die
Wissenschaftler ... als es den mensch kommen
Sah hat sich ihm der magen umgedreht -
Vermute ich mal

BEVOR ...

Sehen sehen alles sehen will ich
Maiblütenschaum auf meereswellen

Die zum schweigen verdonnerten
Mitternachtssonnen wenn sie aus dem
Dunklen geheimnis der fjorde rollen
Diesen fingerabdrücken gestorbenen eises

Die festlich verschneiten verstecke
Der rentiere und die stolze gletscherbrust
Der firnriesen zuschauer im kampf um das
Tiefste blau zwischen himmel und enzian

Und auch den kleinsten steinbrech im
Steilsten geklüft an etwas geklammert
Wovon der frei schwebende kolibri über
Der dornenkrone oder den züngelnden
Erleuchtungsflammen Buddhas
Ein lied singen kann

Und von den menschen nur das was unsichtbar
Ist bevor die geheimen *pforten der wahrneh-
mung - v*orerst jedenfalls - geschlossen werden

81

VOM LEBEN

Wir reden nicht vom jenseits in das wir
Verschwinden wie eine schneeflocke

Auch nicht vom ende der welt
Das nicht abzusehen ist

Sondern von dingen an denen
Der tod keinen halt findet wie dem

Nächtlichen schweigen der wasserfälle
Dem glockenschlag einer sonnenuhr oder

Den tagträumen der nachtkerzen die
Selbst den faltern zu schaffen machen

VITA INCOGNITA

Eine latente illusion
Ein säuglingsschrei der nachhallt
Leiser und leiser wird
Bis in die kahlköpfigkeit

Ein wolkenverhangener mondtraum
Verblasst in glückseligem warten
Auf irgendeine gerechtigkeit und
Die dankbarkeitspflicht einer eisblume

Hoffend dass doch noch einmal
Der blitz einschlägt bevor
Die unendliche nacht auch das letzte
Donnergrummeln verschlingt

U N S T E R B L I C H

Der fluss strömt in seine quelle zurück
Die blätter in den baum der regen in
Die wolke

Gras verkriecht sich in die erde
Aus der es keimte ...
Alles auf einer rückreise

Alles zusammen gepuzzelt aus atomen
Stammend aus allen ecken und enden
Des universums weit gereist für den
Kurzen großen auftrag: l e b e n

So groß
Dass dem kleinen tod die wangenlose
Kinnlade runter klappen muss -
Der puzzlespieler ist unsterblich

K R Ä H E N S C H R E I

Der schwarze schrei der nebelkrähe
Immer noch mit dem gewicht

Mittelalterlicher abergläubigkeit
Unter den flügeln

Ruft bloß ihr eigenes unglück aus
Den flammen der Jeanne d'Arc hervor

In eine neunmalkluge zeit die sich
Um keinen deut bessern will

MAUERN

Die freiheit läuft sturm
Mauern sammeln wieder steine
Und schleudern sie den menschen
In die köpfe

Die tragen sie mit sich herum und
Nennen es *Neue Feiheit*

Die freiheit aber hat ein gedächtnis
Kämpft mit dem schwert der zeit
Und wartet auf ihre gelegenheit

LICHTUNGEN

Kahle lichtungen auf dem weg ins exil
Der tod als überhälter

Sie hoffen dem verloren gegangenen
Vermächtnis der wildnis zu begegnen

In der man sich bewegen muss ohne
Aufzufallen ohne dass *er*
*A*ufmerksam wird

Sonnenflecken im Mondlicht

HELLE MILCH

In den urwäldern sinken die baumriesen
Zu boden reißen löcher in den himmel
Jahrhunderte alte schatten fliehen vor der
Sonne verstecken sich hinter wasserfällen

Die steine wetzen die messer um den
Flüssen die arme abzutrennen damit die
Fische sich an land retten können
Sie haben angst vor den vergifteten
Worten der neuen landeroberer

Der affe schwingt sich längst nicht mehr
Von baum zu baum aber sein blech-
Ummanteltes herz hängt noch immer an
Dem grünen himmel der die helle milch
Der sonne trinkt

Aus zarten blattbechern mit lichtgoldnen
Rändern von einer sonne
Die einst alles aus der dunklen grube hob

DIE REINE WAHRHEIT

Auch auf der sonne sind flecken zu sehen
Weil sie ungeschminkt auf die erde schaut

Und was wenn es altersflecken sind? -
Dann verschieben wir die wahrheit
Einfach auf morgen damit sie zeit gewinnt

Aber es ist nur die zeit die aus dem
Rahmen fällt den die sonne uns
Gesetzt hat

Es ist zum verrückt werden
Wahrheit und nichts als die reine
Wahrheit wohin man auch schaut
Wenn man schaut

MONDLICHT

Neonlichter schalten das mondlicht aus
Nehmen ihn nicht mehr ernst diesen
Kleinen michgesichtigen erdbruder der
Die ewige nacht auf dem rücken trägt

Früher gab er der erdnacht ihre gestalten
Heute ziehen sich Artemis und Selene
Von den neuen erdgöttern geblendet
Hinter den mond zurück

SICHELMOND

Diese wunderbar scharf geschliffene
Leuchtende mondsichel die sterne
Aus der schwarzen wiese mäht
Ohne dass sie sterben müssen

Dabei kommen sie nur zu ganz
Unterschiedlichen zeiten
Gehen sich aus dem lichtweg
Damit jeder im dunkel glänzen kann

ABFLUG

Die gedanken eines vogels lesen zu
Können kurz bevor er abhebt würde uns
Möglicherweise das herz brechen denn er

Weiß dass er hierher nicht mehr zurückkehrt
Weil alles in eine dunkelheit reist
Die alle spuren mit sonnenlicht löscht

N E B E L

Eine vom himmel
Gefallene wolke

Das übergestülpte grau
Unserer verlassenheit
Schickt uns in eine pause

Hinter die kulissen zu
Den namenlosen gesichtern
Die verschwimmen

In der meditation
Schwebenden wassers unser
Kommen und gehen

Bis die sonne durchbricht
Wie eine neuerfindung
Des lichts

T R A U M H A N D

Deine träume nehmen dich an die hand
Spazieren mit dir durch die nacht
Nicht immer ein sonntagsspaziergang

Über blühend bunte wiesen die im
Ersten morgenlicht verbrennen wie alte
Kinderzimmertapeten

Das undurchschaubare leben da draußen
Schmiedet ständig andere pläne wirft
Knüppel zwischen deine beine

Und du musst aufpassen dass du nicht
Auch ins offene grab deiner wünsche
Stolperst wenn du auch die traumhand

Noch los lässt - eine die dir zwar nichts
Verspricht aber dich selten enttäuscht -
Wie die tabletten auf deinem nachttisch

FEIER DER PERSEIDEN

Feuerwerk des kometenschwarms als feierte das
Universum die halbzeit der ewigkeit - doch was
Gibt zu feiern wenn sterne wie billardkugeln
Durch das all rasen um in schwarzen löchern
Denen das licht schon zum hals heraus kommt
Zu verschwinden - wenn ein planet pausenlos
Um die sonne schlingert die sowieso irgend-
Wann in die luft fliegt und alle Götter zu-
Sammen es nicht verhindern können - soll man
Ein leben feiern das nicht weiß woher es kommt
Noch wohin es geht und verglüht wie eine
Sternschnuppe die auch nicht weiß wie ihr
Geschieht … ?
Ein feiern um des feierns willen und des
lebendig seins bis die sternbilder aus ihren
Unsichtbaren rahmen fallen schwarze löcher vor
Neid in sich zusammensacken und der tod sich
Vor wut aus seinem jenseits fort wünscht weil
Immer neue sternschnuppen von irgendwo her
Ein neues feuerwerk entfachen ohne dass es
Irgendwas zu feiern gäbe …
Darüber wäre nachzudenken

LEUCHTFEUER

Feuer gibt es viele: die uralten herd- und
Lagerfeuer die verwerflichen fege- oder
Höllenfeuer feuerteufel mit feuerzeug
Feuerwerk und feuerzangenbowle diese
Spiele mit dem feuer ...

Am liebsten aber sind mir die sommer-
Stummen feuerlilien der herbstlodernde
Feuerdorn der traumträge feuersalamander

Und das unauslöschbare flammenlose
Wunderfeuer der liebe dieses unsichtbare
Leuchtfeuer der menschheit

Es trägt das lichthelle leben durch
Die kalte dunkelheit des alls angetrieben
Von ausgewogenem sonnenfeuer

ENDE DER ZEIT

Als hätten die tage löcher durch die alles
Rinnt regen und wind licht und zeit und
Ein gehirn das alles aufnimmt ohne zu
Platzen

Man hat noch nichts wieder heraus kommen
Sehen außer zu mächtigen worten geformten
Tönen

Wie aber klingt licht das durch die zeit rast wie
Ein blitz in einem wettkampf mit ihr doch
Licht kann man ausschalten dann ist nacht

Und die zeit hat endlich zeit über sich selbst
Nachzudenken angesichts des kollektiven
Versagens der uhrwerke

Mit ihren zifferblättern und zeigern die
Nirgendwohin zeigen sich die füße wund
Laufen und nie das ende des kreises erreichen -

Es wär das ende des windes der zeit und
Des lichts

K O K O N

Das ticken einer wanduhr
Monotone pulsschläge der stille
Das gebrumm einer stubenfliege
Wird zum einzigen geographischen
Ort der umherwandert und

Das ticken einer wanduhr
Monotone pulsschläge der stille
Die den herzschlag antreiben in diesem
Kokon aus aus kaltem sternenlicht

ATEMLUFT

Kampf um ein paar liter sauerstoff um
Ein virus aus den bronchien zu treiben

Vertrieben wird auch das atemelement
Aus den alten lungenblättern der erde
Und den meertiefen kreißsälen ...
Nur schneller als Gott

Die schöpfung
Dieser wimpernschlag
Hatte länger gebraucht

Wie leicht sie zu atmen ist
Diese uralte schmetterlingsluft -
Sie trägt auch lungenflügel

KLOPFGERÄUSCHE

Die überforderten augen schließen genau
Hin sehen und mit den ohren die luft
Abtasten nach der größtmöglichen stille
Fahnden ... bis du spürst wer hier regiert

Klopfgeräusche kommen vom blut das
Wie ein gefangener lebenslänglich an die
Herzwand pocht

Und wenn es nicht mehr klopft hat sich's
Befreit ... die alten knochen werden zusammen
Mit dem sack schlaffer haut auf der müllkippe
Der natur entsorgt - daran ist nichts zu ändern

HERBSTLICH

Weiße wolken bauschen sich auf über
Den gartenfichten und drohen mit
Schönwetter der ersehnte regen hat sich
Schnell verausgabt und zum ausruhen ins
Nächstgelegene flussbett zurück gezogen

Die sonne leckt verlegen die wunden
Eines sommers den sie selbst verschuldet hat
Ein unverschämter wind fährt den bäumen
Unters reizvolle laub wie manch einer früher
Der frau unter den rock ... aber das

Sagt man heute nicht mehr ungestraft ohne
Dass ein sturm weiblicher entrüstung das
Netz zum beben bringt ... - inzwischen haben
Sich die wolken zu einem dunklen vorhang
Des schweigens zusammengerottet -

Es duftet herbstlich

Irrlichter

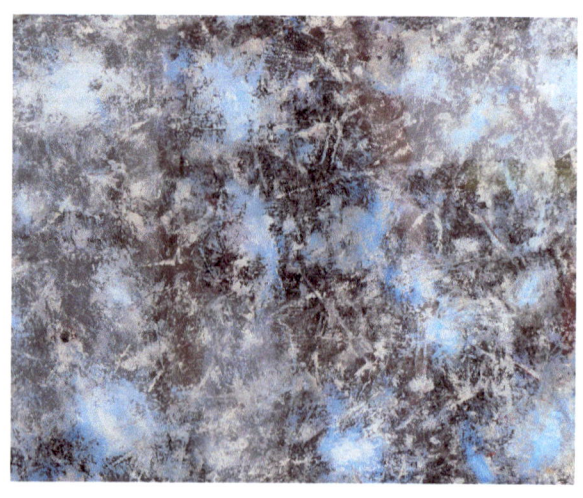

B I L D E R

Warum verfolgen mich
Diese alten bilder?
Vom ersten schrei an noch
Weiße seiten die nach und
Nach sich füllten und
Sich nun auftürmen ...
Werde ich am ende von
Ihnen erdrückt werden
Oder werde ich sie doch noch
Alle rechtzeitig verbrennen können?

L Ä R M

Es gibt kein wirksames mittel
Gegen die raserei der stille

Unnötiger lärm ist bloß
Ihr unterdrückter aufschrei

Der uns geschieht
Der uns recht geschieht

Wenn wir uns wehren
Mit noch mehr lärm

Zwei augen tasten über das blatt
Saugen das schwarze vom weiß ab
Ohne dass etwas verschwindet

In diesen kleinen beutel im gehirn
Der alles durcheinander wirbelt
Und neu zusammensetzt doch

Zwischen auge und blatt
Ist nichts zu erkennen …
Das soll mir einer erklären

TRAUMLAND

Da fliegen die träume kreuz und quer
Durch das dunkel und finden dennoch
Ihr traumland verlieren sich darin ohne

Angst vor dem aufwachen während der
Tag sich blenden lässt von einer sonne
Die auch nachts noch ihr licht verbrennt

ABGENABELT

Die hebammen laufen sturm:
Die natur hat sich von alleine

Abgenabelt vom mensch
Und aus dem staub gemacht

Jetzt suchen sie im vaterunser
Nach der adresse des schöpfers

Der sie ausfindig machen soll

MITTAG

Die tempelglocken schlagen der
Mittagshitze ihren klang um die ohren

Mit einer leichtigkeit welche
Die schlafende stille rasend macht

Nur die schatten in den ecken quälen
Lautlos das sonnenlicht

WANDERER

Kein fels ist sesshaft
Auch wenn er im weg steht

Alle sind wanderer die
Dem echo aus dem weg gehen

Um nicht antworten zu müssen
Wenn einer es anbrüllt

Doch vor dem hinterlistigen wasser
Das überall umher schnüffelt
Nehmen selbst die steine reißaus

IM TEMPEL

Die tragenden säulen rennen
Durch dunkle gassen vorbei
An den alten galgen

Suchen nach einer amphore
Voll licht für die fundamente
Ihrer verfallenden tempel

S P U R E N

Engel hinterlassen keine spuren
Nicht einmal in frisch gefallenem schnee
Wenn sie mit lichtgeschwindigkeit durch
Die gegend rasen auf ihrer seelensuche

Die tiefen spuren kommen von den steinen die
Manch einem vom herz gefallen sind wenn er
Seinem schicksal knapp entrinnen konnte und
Nicht weiß warum

W A S   B L E I B T

Das blättern in dem traumbuch
Der erinnerungen die uns
Nachschweigen

Mitunter ungerufen auftauchen weil
Sie nicht sterben können und vielleicht
Die einzigen überlebenden sein werden

ZIELE

Die hochtrabenden ziele der
Menschheit zerbrechen

An der dunkelheit der zeit

Wie der nachtigallengesang
Am licht der morgendämmerung

SIESTA

Hundstage legen sich
Auf kühle steinfliesen
Zu den katzen

Sie haben nichts zu befürchten
Solange der grüne augenspalt
Sich nicht öffnet
Und die sonne nicht aus
Dem schatten kommt

PLÜNDERER

Diese freigiebigen bäume
Füttern den herbst mit buntem laub

Das als es noch grün war auch die
Roten blättchen im blut versorgte

Dessen träger jetzt plündern
Was ihnen vor die säge kommt

BOOTE

Knirschend stranden die fremden boote
Das meer kräuselt seine wellenstirn

Und die strände reiben sich den sand
Aus den augen angesichts dieses
Ständigen kommens und gehens

T R A U M S C H W E R

Es heißt immer träume
Seien schwere- also massenlos

Warum habe ich dann morgens
So oft einen schweren kopf?

A B E N D S

Der tag räumt das feld
Dreht sich langsam zur seite
Vogelstimmen verstummen und

Hinterm schilf knistert die rote
Sonne wenn der abend am himmel
Aufkreuzt als wär's zum ersten mal

N E U E S

Weit hinter der stille
Wo es keine gräber gibt
Die das licht einsargen

Formt sich etwas neues

Aus sich selbst das sogar
Die sargdeckel sich einen
Spaltbreit öffnen lässt

HERBSTLICHT

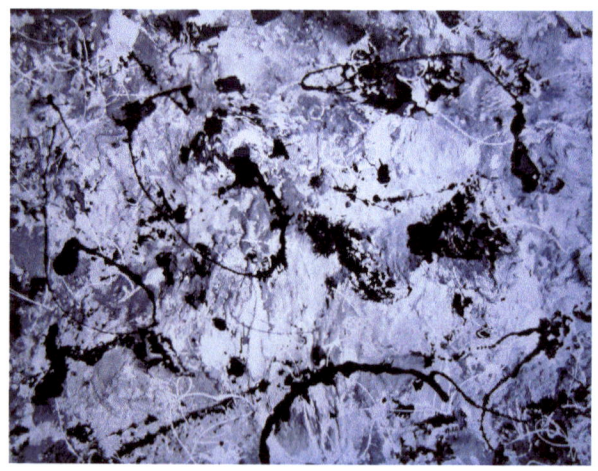

Schwarze vogelschwärme sitzen unruhig auf
Weißen nebelbänken und beobachten arg-
Wöhnisch eine sonne die genüsslich zum früh-
Stück den tau von gräsern löffelt -
An der autobahn haben sich im morgengrauen
Bereits die toten füchse aus protest zu einem
Schweigemarsch versammelt bevor alles in
Einem strahlenmeer ertrinkt und die große
Herbstlichtige blendung einsetzt was einer
Totalen sonnenfinsternis gleich käme und ihr
Anliegen in die kühltruhe der vergessenheit des
Winters geraten würde

D E M U T

Ein leben lang hämmert das herz sich
Die finger blutig weil es die kalte leere
Des kosmos fürchtet in dem die

Schwarzen schneeflocken an der asche
Der sterne ihre kristallhände wärmen
Und vergeblich auf ein demütiges

Dankeschön warten während hier
Unten die mauerbienen erfolglos
Nach schwarzen löchern in
Grauen betonwänden suchen ...

Aber was interessiert das die sterne

ALTSTADT

Auf schmalen fenstersimsen
Feuern rote begonien schummrige
Altstadtgassen an
Sehnsüchtiger vogelgesang rüttelt
An verrosteten käfigen
Verfängt sich schließlich zwischen
Dämpfigen zimbelkrautmauern -
Die gefährtin kommt nicht

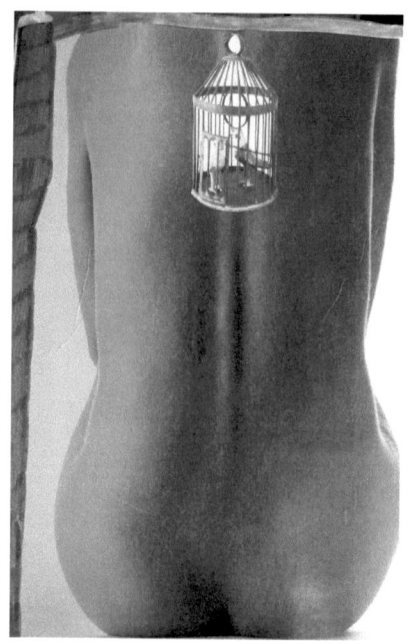

WEISSER ENZIAN

Bist du nur hinter den frauen her
Gehst du mitunter vor die hunde

In den schweigenden bergen aber
Wo abweisende felswände
Das echo deiner gedanken trinken
Und die einsamkeit ein geschenk ist

Vergisst du die verzweifelte suche
Nach dem weißen enzian

Ein letztes rätsel das bleibt beim
Besteigen der senkrechten wie der
Waagerechten und nichts das sich leicht
Und ohne konsequenzen erklimmen ließe

LIEBE

Liebe ist wenn du dir die lunte
Anzünden lässt und nicht
Explodierst wenn dem anderen
Das feuer ausgegangen ist

Du kannst auch der schlange
Den kopf abbeißen und ein
Neues apfelbäumchen pflanzen -

Die vögel wenigstens
Werden's dir danken

WEIT WEG

Schönwetterwolken in den hosentaschen und
Ins blaue wandern weit weg von brodelnden
Gewitterwolken denen die blitze ausgehen weil
Die energie nicht mehr bezahlbar ist

Weg von versteinerten vorgärten straßen und
Baustellen die den kleinen dörfern die bude
Einrennen weg in eine gegend in der die berge
Noch aus langeweile bücher vom flachland
Verschlingen in eine welt der dichter in der
Einem die verse schon morgens um die ohren
Fliegen die man zum leben braucht wie ein
Bayer sein bier und sich nicht eher zu erkennen
Geben bis man sich selbst erkannt hat …

Doch das kann dauern - zuvor aber noch die
Schönwetterwolken wie weiße taschentücher
Aus den säckeln ziehen sie fliegen lassen wie
Frisch entpuppte kohlweißlinge und schauen
Wie der tiefe himmel einen nach dem andern
Verschluckt

LERNEN

Wir sind nicht zufällig hier und
Wir müssen lernen auch
Auf den ruf des kuckucks zu achten
Das fremde nest sind wir selbst und
Was wir aufziehen nicht unsere kinder

Nur wir selbst können die trommelschläge
Der ahnen und anderen aufdringlichen
Toten aus unseren ohren vertreiben

Wir müssern lernen bis zum schluss um
Zu erfahren ob wir ein wolf sind oder
Eine butterblume ein kieselstein oder eine
Kerzenflamme um dem zufall keinen
Weiteren raum zu geben

Dann werden wir kein streichholz mehr
Anzünden müssen auf dem einsamen
Weg durch den tiefen wald

F L I E G E N

Spärliches septemberlicht quält sich durch
Glasscheiben stubenfliegen rasen durch
Durch das zimmer als versuchten sie's
Einzufangen doch es ist schneller

Ein september der nur noch ein müder ab-
Klatsch des sommers ist dem der mut zum
Gestandenen herbst fehlt ein monat der kein
Eigenleben führt zwischen fronten hängt

Die fliegen aber tun einfach als wäre noch
Sommer und begatten sich weiterhin auf
Dem esstisch

Der winter der ihrem treiben ein ende setzt
Ist noch weit sofern sie der fliegenklatsche
Entkommen ... es werden weiterhin

Alle gliedmaßen und die flügel sorgfältig
Gereinigt - man weiß ja nie
Wo man mitunter landet

F R E I

Wie ein bild von der welt
Alles entstellt

Was ist wahr was ist traum
Was kristall und was schaum

Wo die nacht wo das licht
Und wie fremd dein gesicht

Siehst du freud siehst du leid
Glück und verzicht

Sei für alles bereit
Und für nichts

Und den inneren schrei:
Ich bin frei ...

Ein gefangner des lichts

Bilder und Kollagen:
Juri Mann

Fotos Seiten: 26, 48, 50, 62
Hubert Achenbach

Weiteres Buch bei
BoD GmbH, Norderstedt 2022:

@ *Falschmeldung* @

Texte: **Hubert Achenbach**
hubach_201152@gmx.de

Bilder: **Wolfgang Wende**
info@wolfgangwende.de